DER GROßE MADAGASKAR-TAGGECKO
PHELSUMA MADAGASCARIENSIS GRANDIS

Ingo Kober

Der Große Madagaskar-Taggecko

Der Große Madagaskar-Taggecko Foto: M. Schmidt

Inhalt

Vorwort 4
Beschreibung 6
Verbreitung 8
Lebensraum 8
Verhalten 10
Verwandtschaft 12
Gesetzliche Bestimmungen 14
Erwerb 16
Transport und Quarantäne 18
Das Terrarium 22
Technik 24
Einrichtung 30
Regelmäßige Pflegearbeiten 34
Vergesellschaftung 36
Ernährung 38
Feuchtigkeit und Trinkwasser 46
Gesundheit 48
Nachzucht 52
- Balz und Eiablage 54
- Inkubation der Eier und Schlupf der Jungtiere 57
Aufzucht der Jungtiere 60
Weitere Informationen 62
Weiterführende und verwendete Literatur 63

Bildnachweis:
Titel: M. Schmidt
Kleines Bild: M. Schmidt
Seite 1: I. Kober
Alle nicht anders gekennzeichneten Bilder stammen vom Autor.

Die in diesem Buch enthaltenen Angaben, Ergebnisse, Dosierungsanleitungen etc. wurden vom Autor nach bestem Wissen erstellt und sorgfältig überprüft. Da inhaltliche Fehler trotzdem nicht völlig auszuschließen sind, erfolgen diese Angaben ohne jegliche Verpflichtung des Verlages oder des Autors. Beide übernehmen daher keine Haftung für etwaige inhaltliche Unrichtigkeiten.
Alle Rechte, insbesondere das Recht der Vervielfältigung und Verbreitung sowie der Übersetzung, vorbehalten. Kein Teil des Werkes darf in irgendeiner Form (Druck, Fotokopie, Mikrofilm oder andere Verfahren) ohne schriftliche Genehmigung des Verlages reproduziert oder unter Verwendung elektronischer Systeme verarbeitet, gespeichert oder vervielfältigt werden.

ISBN 3-937285-05-9   2. Auflage

© 2005   Natur und Tier - Verlag GmbH   Geschäftsführung: Matthias Schmidt
         An der Kleimannbrücke 39/41   Lektorat: Heiko Werning & Kriton Kunz
         48157 Münster   Layout: go autark – rupp & hogeback GbR
         www.ms-verlag.de   Druck: Druckhaus Fromm, Osnabrück

Vorwort

EIN ansprechend bepflanzter, attraktiver Naturausschnitt einer exotischen Region, belebt von aktiven, bunten Reptilien – das ist das Bild, das viele Noch-nicht-Terrarianer zunächst vor Augen haben, wenn sie an die Anschaffung eines Terrariums denken. Intensivere Beschäftigung mit dem Thema Terraristik oder erste eigene Erfahrung erweitern diese Vorstellungen dann meist bald noch um den Wunsch nach eigenen Zuchterfolgen.

Nicht viele der im Fachhandel oder von Züchtern angebotenen Terrarientiere sind geeignet, solche Träume wahr werden zu lassen. Oft lassen sich ihre klimatischen Ansprüche nicht mit einer attraktiven Bepflanzung vereinbaren, die Tiere zertrampeln empfindlichere Pflanzen oder fressen sie gar, sind wenig agil oder nachtaktiv, heikel in der Pflege und Nachzucht, oder ihre Anschaffung und Unterbringung erfordern Investitionen, die das Budget gerade interessierter Einsteiger drastisch übersteigen.

In der Taggeckogattung *Phelsuma* findet sich aber zum Glück eine große Zahl kleiner bis mittelgroßer, ausgesprochen bunter tagaktiver Echsenarten, die sich zur Belebung eines tropisch üppigen Naturausschnittes eignen. Neben etlichen schwer erhältlichen oder zu pflegenden Arten enthält diese Gattung auch solche, die bereits seit Generationen im Terrarium vermehrt werden.

Eine der attraktivsten ist der Madagaskar-Taggecko in seiner Unterart *Phelsuma madagascariensis grandis* (Großer Madagaskar-Taggecko). Dieser besonders große und leuchtend gefärbte Taggecko zählt gleichzeitig zu den am leichtesten zu haltenden und nachzuzüchtenden Mitgliedern der Gattung. Seine für Geckos recht beachtliche Körpergröße macht es leicht, aus den im Handel erhältlichen Futtertieren ohne großen Aufwand ein reichhaltiges und gesundes Geckomenü zusammenzustellen und erleichtert den Umgang beim gelegentlich notwendigen Einfangen der Tiere. Dabei bleiben die Geckos dennoch klein genug, um in Terrarien mittlerer Größe, die in jedem Raum einen Platz

Vorwort

Porträt eines adulten Männchens

finden, artgerecht untergebracht werden zu können, und leicht genug, um nicht jede Terrarienbepflanzung niederzutrampeln.
Ihre problemlose Nachzucht und beachtliche Langlebigkeit tun ein Übriges dazu, die Art als geradezu ideales Terrarientier erscheinen zu lassen.
Der vorliegende Ratgeber soll jedem Terrarianer, ob Anfänger oder Fortgeschrittenem, alle zur erfolgreichen langjährigen Haltung und Nachzucht dieser Geckos notwendigen Informationen in übersichtlicher Form zur Verfügung stellen. Ich berufe mich dabei auf eigene 20-jährige Erfahrung mit der kontinuierlichen Haltung und Vermehrung dieser Taggeckos.
Wer Interesse an vertiefenden Informationen zur Biologie und Haltung dieser und verwandter Geckos hat, findet im Anhang eine Auflistung von Organisationen, Zeitschriften und Büchern, die einen sinnvollen Einstieg in die Thematik vermitteln.

Beschreibung

Beschreibung

DER Große Madagaskar-Taggecko gehört (mit *Phelsuma guentheri* und *P. standingi*) zu den drei größten heute noch lebenden Arten der Gattung *Phelsuma*, wobei er bei weitem die farbenprächtigste ist. Erwachsene Männchen können die stattliche Länge von über 30 cm erreichen, die Weibchen bleiben im Durchschnitt einige Zentimeter kleiner. Der kräftige Schwanz macht dabei etwa die Hälfte der Gesamtlänge aus. Tiere mit diesen Extremmaßen sind aber eher selten. Die meisten Männchen überschreiten kaum 25 cm Gesamtlänge, Weibchen erreichen meist Endgrößen von 22–24 cm. Wie bei den meisten Taggeckos besteht auch bei *P. m. grandis* die Grundfarbe aus einem satten Grün. Bauch und Kehle sind weißlich gefärbt, die Region um die Kloake herum kann besonders bei Männchen gelblich grün schimmern. Auf beiden Kopfseiten erstreckt sich von der Schnauzenspitze bis zum vorderen Augenrand ein kräftiger roter Streifen, der sich hinter dem Auge noch in Form eines Fleckes fortsetzt. Auf dem Kopf zeichnet sich ein V-förmiger oder auch dreieckiger roter Fleck ab. Seine Größe und seine Form variieren

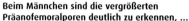

Beim Männchen sind die vergrößerten Präanofemoralporen deutlich zu erkennen, …

Beschreibung

stark, doch fehlt er nur selten völlig. Auf der hinteren Hälfte des Rückens finden sich mehrere rote Flecken in recht unterschiedlicher Anzahl und Größe, die zu Querbändern verschmelzen oder aber auch völlig fehlen können. Gezielt auf Farbenpracht hin gezüchtete Exemplare können mehr rote als grüne Flächen aufweisen und bis auf den Schwanz rot gebändert sein. Die Rückenflecken können intensiv karminrot oder auch blass rosarot ausfallen, die Veranlagung dazu ist erblich. Ganz selten trifft man auf Exemplare, die außer den roten auch blaue Flecken aufweisen.

Die Unterscheidung der Geschlechter ist bei erwachsenen Tieren einfach: Die bei beiden Geschlechtern deutlich sichtbare winklige Porenreihe, die sich auf der Unterseite beider Schenkel erstreckt und vor der Kloake vereint (Präanofemoralporen), ist bei Männchen deutlich stärker ausgeprägt und von wachsartig wirkenden, stäbchenförmigen Absonderungen bedeckt.

Außerdem sind die Männchen größer, mit kantigeren, breiteren Köpfen und oft von leuchtenderer Grundfarbe. Die Weibchen haben dagegen an beiden Seiten des Kopfhinterrandes je eine säckchenartige Bildung, die als Kalkspeicher für die Eischalenproduktion dient (endolymphatisches Kalkspeicherorgan).

... beim Weibchen sind sie kaum zu sehen.

Verbreitung/Lebensraum

Verbreitung

DER Große Madagaskar-Taggecko bewohnt ein kleinflächiges Verbreitungsgebiet, das sich auf küstennahe Tieflandbereiche im Nordosten Madagaskars und einige vorgelagerte Inseln, wie z. B. Nosy Bé, beschränkt. In den Bereichen, in denen das Verbreitungsgebiet an die Vorkommen der anderen Unterarten von *P. madagascariensis* grenzt, kommt es z. T. zu Übergangsformen.

Das Klima im natürlichen Lebensraum ist recht gleichmäßig, und das Jahresmittel variiert nur um 3–4 °C. Die größten Temperaturschwankungen werden daher nicht im Jahres-, sondern im Tagesverlauf erreicht. Mit 900–1500 mm Jahresniederschlag ist es mäßig feucht.

Lebensraum

IN ihrer Heimat bewohnen die großen Geckos vor allem die glatten Stämme größerer Bäume und Bananenstauden. Aber auch an und in Häusern sind die Tiere als Kulturfolger häufig.

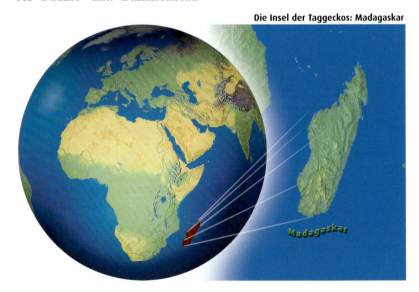

Die Insel der Taggeckos: Madagaskar

Verbreitung/Lebensraum

Biotop von *Phelsuma madagascariensis grandis* bei Ramena
Foto: K. Liebel

Verhalten

DER Große Madagaskar-Taggecko ist eine Licht liebende, tagaktive Echse, die vor allem in den Morgen- und Nachmittagsstunden auf Beutefang und Partnersuche geht. Die Abstammung von nachtaktiven Vorfahren merkt man den Tieren aber auch heute noch an ihrem Aufwärmverhalten (Thermoregulation) an, denn sie sonnen sich selten lange in grellem Licht, sondern suchen eher warme Plätze mit Deckung von oben, ohne direkte Sonneneinstrahlung. Im Freiland findet man sie oft an der Grenze der mit der Sonne wandernden Schatten auf gerade erwärmtem, aber nun nicht mehr besonntem Untergrund. Wegen der im Vergleich zur Sonne erheblich geringeren Lichtmenge der Terrarienbeleuchtung fällt dieses Verhalten im Terrarium allerdings wenig auf. Wie bei den meisten Echsen wechseln sich Phasen erhöhter Aktivität mit langen Ruhephasen ab, in denen sich die Geckos an ihren Lieblingsplätzen aufhalten und

Alle Taggeckos werfen schnell einen Teil des Schwanzes ab.

Verhalten

Bei der Paarung verbeißt sich das Männchen im Nacken des Weibchens.

aufmerksam die Umgebung beobachten. Nachts sitzen die Tiere meist kopfüber senkrecht an geschützten Ruheplätzen. Wenn sie die Wahl haben, bevorzugen sie glatte, senkrechte Untergründe zum Ruhen und Laufen. Die Männchen sind sehr territorial und bekämpfen jeden Geschlechtsgenossen energisch. Auch die Weibchen sind untereinander oft unverträglich, sodass oft nur eine Paarhaltung in Frage kommt.

Beim Beutefang zeigen die Tiere ihre volle Lebhaftigkeit und bewältigen auch erstaunlich große Beutetiere. Sie fressen nicht nur Gliederfüßler und Mollusken, sondern lecken in ihrer Heimat auch gerne an süßem Blütennektar und anderen Pflanzensäften.

WUSSTEN SIE SCHON?
Bei der nahe verwandten Unterart *Phelsuma madagascariensis kochi* konnte sogar beobachtet werden, dass die Taggeckos die Ausscheidungen von Zikaden auflecken.

Verwandtschaft

WIE bei allen heutigen Reptilien handelt es sich beim Großen Madagaskar-Taggecko um wechselwarme Tiere, die zur Regulierung ihrer Körpertemperatur aktiv Plätze geeigneter Temperatur aufsuchen müssen, regelmäßig durch Häutung ihre nicht mitwachsende oberste Hautschicht erneuern und ein körperbedeckendes Schuppenkleid aus verschieden geformten Schuppen tragen. Alle heute noch lebenden Mitglieder der derzeit über 60 Arten umfassenden Gattung *Phelsuma* (mit Ausnahme von *P. guentheri*) sind tagaktive Echsen mit runder Pupille. Die mit meist 10–20 cm Gesamtlänge ausgewachsenen Phelsumen sind oft sehr bunt gefärbt, besitzen eine ungeteilten Reihe von Haftlamellen unter den verbreiterten Zehen, winzige Krallen und zu einer „Brille" verwach-

Mit den breiten, ungeteilten Haftlamellen können die Geckos problemlos an senkrechten Glasscheiben klettern. Gut sieht man hier auch die Rückbildung der innersten Zehe.

Verwandtschaft

sene durchsichtige Augenlider. Die Haftlamellen erlauben ihnen das sichere Klettern auch an glattesten Gegenständen wie Bananenstauden oder Glasscheiben. Die jeweils innere Zehe ist rückgebildet, sodass die Füße vierzehig erscheinen. Alle Arten sind Eierleger, die pro Jahr mehrere Gelege aus zwei aneinander geklebten hartschaligen Eiern produzieren. Manche Arten kleben die Eier fest an den Untergrund, andere legen sie frei an geschützten Plätzen ab. Die meisten Arten leben auf Madagaskar, doch es wurden auch die Inselgruppen der Maskarenen, Seychellen, Komoren sowie weiter im Osten die Andamanen und die Insel Pempa besiedelt.
Phelsuma madagascariensis grandis ist die größte der vier Unterarten des Madagaskar-Taggeckos (*Phelsuma madagascariensis*). Von *P. m. kochi* hebt sich diese Unterart vor allem durch leuchtendere Farben sowie bedeutend größere und ungesprenkelte Gliedmaßen ab. Von *P. m. madagascariensis* kann man sie leicht anhand der dunklen Zwischenschuppenhaut und von *P. m. boehmei* am Fehlen dunkler Kehlzeichnungen und eines dunklen Streifens unterhalb des Maules unterscheiden.

> **WUSSTEN SIE SCHON?**
> Die Taggeckos der Gattung *Phelsuma* gehören zu den schönsten und beliebtesten Terrarientieren. Ein großer Teil der über 60 Arten wird regelmäßig in Terrarien nachgezüchtet und steht dem Liebhaber für die Hobbyhaltung zur Verfügung, darunter auch äußerst attraktive kleine Vertreter wie z. B. der Goldstaub-Taggecko (*Phelsuma laticauda*) oder der Pfauenaugen-Taggecko (*P. quadriocellata*).

Altes Weibchen im Terrarium

Gesetzliche Bestimmungen

PHELSUMEN gehörten zu den besonders geschützten Tierarten, und ihre Haltung unterliegt daher in Deutschland einigen Regelungen. *Phelsuma m. grandis* fällt nach geltendem Recht (Stand 2004) unter Anhang B der EGVO-Nr. 338/97. Alle Anhang-B-Arten unterliegen der Meldepflicht nach § 10 Abs. 2 der Bundesartenschutzverordnung (BARTSchV). Das heißt, es müssen in jedem Fall Anzahl, Art, Geschlecht (soweit bekannt) und gegebenenfalls besondere Kennzeichen der gehaltenen Tiere sowie jede Veränderung des Bestands (Verkauf, Tod, Nachzuchten) dem zuständigen Amt (in den meisten Fällen die Untere Naturschutzbehörde) gemeldet werden. Dort erhält man auch die nötigen Vordrucke für die Meldungen.

Früher war für Anhang-B-Arten noch eine so genannte CITES-Bescheinigung zwingend erforderlich, doch seit dem 1.7.1997 unterliegen diese Arten, also auch unsere Geckos, keiner Bescheinigungspflicht mehr, sofern sie von einem Anbieter innerhalb der

Gesetzliche Bestimmungen

EU gekauft wurden. Trotzdem muss der Besitzer nach wie vor die legale Herkunft der Tiere nachweisen können. Daher sollte sich jeder Phelsumenkäufer schriftlich bestätigen lassen, dass Elterntiere und Nachzucht bei der zuständigen Behörde ordnungsgemäß gemeldet sind, oder dass – bei Wildfängen – eine Einfuhrgenehmigung vorliegt, deren Nummer man sich unbedingt auf der Rechnung vermerken lassen sollte.

Wichtig zu wissen ist auch, dass gemäß Art. 9 Abs. 4 der EGVO-Nr. 338/97 Arten des Anhanges B, also eben auch Phelsumen, nur dann abgegeben werden dürfen, wenn der Empfänger über die erforderliche Sachkunde für eine artgerechte Haltung verfügt. Wie diese Sachkunde nachgewiesen werden muss, ist bislang allerdings noch nicht geregelt. Die Terrastikverbände in Deutschland haben zu diesem Zweck einen Sachkundenachweis entwickelt, der bereits abgelegt werden kann, jedoch noch nicht verbindlich vorgeschrieben ist. Nähere Informationen erteilen die DGHT (s. Anhang) oder die Internetseite

www.sachkundenachweis.de.

DER PRAXISTIPP

In der Praxis können Sie Madagaskar-Taggeckos vom Züchter oder aus dem Handel problemlos kaufen. Achten Sie darauf, dass Sie mit dem Tier eine Herkunftsbescheinigung erhalten, mit der Sie ggf. den legalen Erwerb später nachweisen können. Alle Zu- und Abgänge (Neuerwerb, Nachzuchten, abgegebene Tiere, Todesfälle) müssen umgehend der zuständigen Behörde in einem formlosen Schreiben mitgeteilt werden.

Auch solche Nachzuchten des Madagaskar-Taggeckos müssen der zuständigen Behörde gemeldet werden.

Erwerb

DER Große Madagaskar-Taggecko wird seit langem regelmäßig und in größerer Anzahl nachgezogen. Trotzdem werden auch immer wieder Tiere aus Madagaskar importiert und angeboten. Solche Wildfänge tragen oft Parasiten und gewöhnen sich naturgemäß schwieriger an die heimischen Terrarienbedingungen als im Terrarium geschlüpfte Artgenossen. Daher und um die natürlichen Bestände zu schonen, sollte man auf Nachzuchttiere zurückgreifen. Diese werden sowohl im Zoohandel als auch von privaten Züchtern angeboten. Angebote und Adres-

Terrarienanlage eines Zoofachhändlers Foto: M. Barts

sen findet man vielerorts im Internet, in Anzeigen von Fachzeitschriften (REPTILIA) oder im Anzeigenjournal der DGHT.

Die zum Kauf ausgesuchten Tiere sollten lebhaft sein, beim Einfangen flinke Entkommensversuche unternehmen und problemlos in der Lage sein, an senkrechten Glasscheiben zu laufen. Weder Rippen noch Beckenknochen

> **WUSSTEN SIE SCHON...**
> In Anzeigen werden häufig folgende einfache Abkürzungen benutzt: Die vorangestellten, durch Kommata abgetrennten Zahlen sind Angaben zum Geschlecht. Vor dem ersten Komma steht dabei die Anzahl der Männchen, nach dem ersten Komma die Anzahl der Weibchen und nach dem zweiten Komma die Anzahl der Tiere unbekannten Geschlechtes, in der Regel also von Jungtieren. WF steht für Wildfang und NZ für Nachzuchttiere, DNZ heißt deutsche Nachzucht, ENZ eigene Nachzucht. 1,1 WF *Phelsuma madagascariensis grandis* mit 0,0,6 NZ 2004 bedeutet also: ein Wildfang-Pärchen des Großen Madagaskar-Taggeckos mit sechs Nachzuchttieren unbekannten Geschlechts aus dem Jahr 2004.

dürfen sichtbar hervorstehen, und die Augen dürfen nicht tief in den Höhlen liegen. Gliedmaßenknochen und Kiefer sollten fest und gerade, keinesfalls weich und biegsam sein. Die Augen sollten klar, die Kloake frei von Verschmierungen/Verkrustungen und die Maulspalte geschlossen sein.

Die meisten angebotenen Nachzuchttiere dieser Geckoart befinden sich aber in einem guten Gesundheitszustand, sodass der Erwerb kräftiger, gesunder Tiere kein Problem darstellt.

Transport und Quarantäne

ZUM Transport ist es zunächst einmal notwendig, die Tiere einzufangen. Beim Kauf wird dies noch der Züchter oder Händler tun, bei später notwendig werdenden Fällen ist aber der Halter gefragt. Da die Haut der Tiere empfindlich ist, der Schwanz bereitwillig abgestoßen (autotomiert) wird, die Geckos sehr flink sind und weil nicht zuletzt große Exemplare empfindlich zubeißen können, ist es angebracht, sich rechtzeitig vor Augen zu führen, wie man der Tiere am besten habhaft wird: Falls machbar, sorgt man zunächst dafür, dass die Terrarientemperatur mehrere Stunden vor dem Einfangen bereits bei 15–18 °C oder höchstens bei Zimmertemperatur liegt, damit die Geckos nicht ihre maximale Geschwindigkeit entwickeln. Mit etwas Glück und Geschick gelingt es dann, auf einem flachen Untergrund sitzenden Tieren eine Klarsichtdose überzustülpen und dann den flachen Deckel unter dem Tier entlang auf die Dose zu schieben. Man kann auch versuchen, den Gecko in eine Pappröhre zu treiben und diese dann rasch zu verschließen.

Ist das nicht praktikabel oder muss das Tier aus anderen Gründen mit der Hand eingefangen werden, geht man wie folgt vor: Zu Beginn entfernt man vorsichtig alle beim raschen Hantieren im Becken hinderlichen Gegenstände. Als nächstes nimmt man einen größeren weichen Schwamm in eine Hand und versucht mit der anderen, den Gecko auf eine ebene Fläche im Terrarium zu treiben. Den Spülschwamm presst man dann rasch auf den Geckokörper, wobei man vermeidet, Druck auf den Schwanzansatz auszuüben. Nun greift man den solcherart fixierten Gecko mit Daumen und Zeigefinger der anderen Hand sanft, aber energisch hinter dem Kopf, hebt den Schwamm ab und greift den Körper mit den restlichen Fingern. Evtl. muss beim Abheben vom Untergrund die andere Hand beim Lösen der Haftlamellen unterstützend eingreifen. So kann man den Gecko dann problemlos eine Zeit lang halten. Der Schwamm verhindert eine Verletzung des Tieres

Transport und Quarantäne

beim notwendigen sehr raschen und daher oft heftigen Zugriff. Geübte Pfleger können aber auch die bloße Hand einsetzen. Um sich vor blutigen Bissen großer Exemplare zu schützen, reicht es bereits, dünne Baumwollhandschuhe zu tragen. Keinesfalls darf man dicke Arbeitshandschuhe verwenden, da durch den dann wesentlich groberen Zugriff die Tiere verletzt werden könnten. Hat ein Gecko sich dennoch in die Hand verbissen, lässt er oft nicht mehr freiwillig los. Dann hilft am sichersten, das Tier mit allen Füßen einen festen, glatten Untergrund fassen zu lassen und stoßweise seitlich in die geöffneten Mundwinkel zu blasen. Keinesfalls darf man die Mundwinkel mit Gewalt aufhebeln – das hat fast immer Verletzungen des Geckos zur Folge. Auch das oft empfohlene Eintauchen in kaltes Wasser ist eine unnötige und keinesfalls zuverlässig wirkende Tierquälerei.

In solchen Boxen werden Große Madagaskar-Taggeckos angeboten.

Transport und Quarantäne

In Styroporkisten bleiben die Temperaturen für Große Madagaskar-Taggeckos erträglich. Zum Transport können die Tiere in Heimchendosen gesetzt werden. Foto: M. Barts

Die Geckos sollten zum Transport auf jeden Fall einzeln untergebracht werden, da es sonst zu Beißereien kommen kann. Kleinere Tiere setzt man am besten einfach in eine leere Plastikdose mit einigen Luftlöchern oder eine Papröhre. Größere Exemplare kann man auch in einem auf links gedrehten und sicher verschnürten Stoffsäckchen transportieren. Eine Kühltasche oder Styroporbox schützt beim Transport vor Temperaturextremen. Wärmelemente sind aber nur bei Temperaturen unter 10 °C empfehlenswert. Dabei ist Vorsicht geboten, da die Tiere in den kleinen Behältnissen leicht lebensbedrohlich überhitzt werden.

Zu Hause angekommen, sollten die Neuerwerbungen keinesfalls sofort mit anderen Tieren vergesellschaftet werden. Tiere gleicher Herkunft, die nicht mit anderen Tieren zusammengesetzt werden sollen, kann man

Transport und Quarantäne

zwar direkt im endgültigen Terrarium unterbringen, in allen anderen Fällen ist aber die vorübergehende Unterbringung in einem übersichtlich eingerichteten, bodengrundfreien Quarantäneterrarium die Methode der Wahl. Das Quarantäneterrarium darf erheblich kleiner sein als die Dauerunterbringung, sollte aber bezüglich Kleinklima den Bedürfnissen der Tiere entsprechen und zumindest einige glatte Kletteräste aufweisen. Für einen erwachsenen Großen Madagaskar-Taggecko sollten keinesfalls Maße deutlich unter etwa 30 x 30 x 50 cm (Länge x Breite x Höhe) gewählt werden. In den folgenden 6–8 Wochen beobachtet man die Tiere genau auf evtl. Verhaltensauffälligkeiten, die auf Gesundheitsschäden hinweisen, und überprüft das Schuppenkleid noch einmal auf umherlaufende Milben oder festgesaugte Zecken. Auch wenn solche Außenparasiten relativ leicht zu bekämpfen sind, sollte gerade der Anfänger auf den Erwerb von befallenen Tieren lieber verzichten, zumal es gerade beim Großen Madagaskar-Taggecko nicht schwierig sein sollte, Exemplare ohne diese Plagegeister zu erhalten. Im sparsam eingerichteten Quarantäneterrarium kann und sollte man auch Futteraufnahme und Kotabsatz kontrollieren. Zumindest bei Wildfängen ist das Einsenden zweier Kotproben in mehrwöchigem Abstand zur parasitologischen Analyse sehr ratsam (Adressen im Kasten). Gegebenenfalls muss dann in Absprache mit einem Tierarzt eine geeignete Therapie durchgeführt werden, bevor die Quarantäne beendet wird. Nachzuchten sind meist parasitenfrei, bei breiigem, wässrigem oder blutigem Kot ist aber auch hier eine Analyse unvermeidlich. Sind die Tiere nach 6–8 Wochen offensichtlich gesund und parasitenfrei, dürfen sie in ihr endgültiges Domizil umziehen.

> **DER PRAXISTIPP**
> Kotproben, Sektionen und andere Untersuchungen können von spezialisierten Tierärzten oder von veterinärmedizinischen Untersuchungsstellen, die es in vielen Städten gibt, vorgenommen werden. Überregional bekannt sind folgende Einrichtungen:
> • Exomed, Am Tierpark 64, 10319 Berlin
> • Universität München, Institut für Zoologie, Fischereibiologie und Fischkrankheiten der tierärztlichen Fakultät, Kaulbachstr. 37, 80539 München
> • Justus-von-Liebig-Universität Gießen, Institut für Geflügelkrankheiten, Frankfurter Str. 87, 35392 Gießen.
> • GEVO Diagnostik, Jakobstr. 65, 70794 Filderstadt

Das Terrarium

ALS Baumbewohner brauchen Ihre Geckos ein hohes Terrarium, das ihnen eine möglichst große vertikale Lauffläche bietet. Ein Terrarium für ein Einzeltier oder ein Pärchen sollte daher mindestens 1 m hoch sein und eine Grundfläche von mindestens 60 x 40 cm aufweisen. Je größer das Terrarium, desto besser. Aufzuchtterrarien dürfen natürlich kleiner ausfallen. Zur Einzelaufzucht eignen sich für die ersten zwei Monate bereits Kleinterrarien ab 20 x 20 x 30 cm (L x B x H), für Kleingruppen von Jungtieren sollte man bereits von Anfang an mindestens 60 x 30 x 50 cm einplanen. Mit zunehmendem Wachstum der Tiere muss dann natürlich die Terrariengröße angepasst werden, oder aber man setzt die Tiere bereits im Alter von 2–3 Monaten in ihr endgültiges Domizil.

Die im Handel erhältlichen Glasterrarien eignen sich ebenso wie Selbstbauten aus Kunststoffplatten, beschichteten Spanplatten, mit Epoxydharz versiegeltem Holz oder anderen Materialien, die lediglich eine verglaste Front vorsehen. Eine abgeschrägte Frontseite, die nach innen einen Überhang bildet, ist von Vorteil, da solche Scheiben erheblich weniger mit Kot beschmutzt werden als senkrecht stehende. Wichtig in allen Fällen ist eine ausreichende Belüftung des Behälters. Mindestens eine größere Lüftungsfläche in Bodennähe und eine im Deckel müssen vorhanden sein. Ein komplett mit Drahtgaze abgedecktes Terrarium ist optimal, da die Lichtquellen so ihre volle Wärmewirkung in das Terrarium entfalten können und auch keine ultravioletten Strahlen absorbiert werden. Lochbleche schlucken dagegen viel Licht und ermöglichen unter Umständen das Entweichen kleinerer Futtertiere.

Terrarien aus beschichteten Spanplatten sind zweckmäßig und leicht zu bauen.

Das Terrarium

Terrarien für Große Madagaskar-Taggeckos sollten reich strukturiert sein und viele Klettergelegenheiten aufweisen.

Technik

Technik

GRUNDlage heutiger Terrarientechnik sind elektrische Geräte. Bei unsachgemäßer Installation können aber Kurzschlüsse, Stromschläge und Brände entstehen. Es ist daher ratsam, bei elektrischen Arbeiten einen Fachmann zu Rate zu ziehen und sich die fertige Anlage von einem Experten begutachten zu lassen

Die Technik eines Taggeckoterrariums beschränkt sich meist auf die Beleuchtung, die zugleich der Erwärmung des Be-

Zweckmäßige und doch attraktive Kombinationen aus Eltern- und Aufzuchtterrarien lassen sich ohne großen Aufwand auch selber bauen.

Technik

ckens dient. Optional kann man zusätzlich automatische Tränk- bzw. Bewässerungsvorrichtungen installieren. In der Natur ist die Sonne die einzige Licht- und Wärmequelle: Strahlungswärme von oben sowie von der Sonne erwärmte Untergründe im Wechsel mit kühleren, beschatteten Bereichen ermöglichen den Geckos im Freiland eine optimale Thermoregulation. Künstliche dunkle Heizquellen sind nicht nur unnatürlich und bergen Verbrennungsrisiken, sondern sie tragen auch nicht zur Ausleuchtung des Terrariums bei. Da aber auch die hellste künstliche Lichtquelle die Lichtintensität von natürlichen Lebensräumen, die von der Sonne beschienen werden, bei weitem nicht erreicht, sollte bei der Haltung tagaktiver Echsen der unvermeidbare Abfall gegenüber natürlichem Tageslicht nicht noch unnötig verstärkt werden. Daher empfiehlt es sich, auf nicht Licht spendende Wärmequellen zu verzichten.

Höchste Lichtausbeute und ein dem Sonnenlicht ähnliches Spektrum vereinen Halogendampflampen der Typen HQI oder CDM. Dabei ist jedoch auf die Farbtemperatur der Leuchtmittel zu achten. Die natürlichste Lichtwiedergabe leisten Brenner der Klassifizierung NDL oder D.

Eine noch deutlich höhere Lichtausbeute haben die verbesserten Lampen des Typs CDM-R. Quecksilberdampflampen (HQL) liefern ebenfalls ein recht helles Licht, doch weicht das Spektrum bereits recht stark vom natürlichen Sonnenlicht ab, und die Lichtausbeute ist nur etwa halb so hoch wie bei HQI.

Auch Leuchtstoffröhren und Energiesparlampen haben eine recht hohe Lichtausbeute, wegen der eher diffusen Abgabe des Lichtes und der insgesamt niedrigen Wattzahlen eignen sie sich aber vor allem zur Aufhellung von Schattenbereichen. Besonders hell und wegen der geringen Eigenabschattung be-

Auch bei Aufzuchtterrarien ist für die erforderliche technische Ausstattung zu sorgen.

Technik

sonders effektiv über Reflektoren zu optimieren sind die neuen T5-Röhren, die aber auch spezielle Vorschaltgeräte und Fassungen benötigen.

Geringere Lichtmengen bei höherer Wärmeabgabe bieten Halogenstrahler und Strahler auf Basis herkömmlicher Glühbirnen.

Für die Beleuchtung eines größeren Taggeckoterrariums kann es notwendig sein, Strahler mit hoher Lichtausbeute mit solchen mit höherer Wärmestrahlung zu kombinieren, um neben der Lichtfülle auch die gewünschte Heizwirkung zu erzielen.

Grundsätzlich sollten wegen der Verbrennungsgefahr alle Leuchtmittel außerhalb des Terrariums angebracht werden. Leuchtstoffröhren und Energiesparlampen dürfen dabei dem Terrariendeckel direkt aufliegen, wenn dieser aus Glas besteht, bei allen anderen Leuchtmitteln ab etwa 50 W sollte man einen Abstand von 10–15 cm einhalten.

Bei der Beleuchtung ist unbedingt darauf zu achten, dass neben den Wärmeinseln auch kühlere Ruhezonen im Terrarium verbleiben.

Es empfiehlt sich, die Beleuchtung über Zeitschaltuhren zu steuern, um den Tieren einen geregelten Tagesablauf zu ermöglichen. Die Lichtphase kann auf ganzjährig etwa 12 Stunden oder auf im Sommerhalbjahr 13–15 und im Winterhalbjahr 9–11 Stunden täglich programmiert werden. Zeitversetztes Ausschalten oder automatisches Dimmen der Beleuchtung kann die natürliche Dämmerung imitieren, ist aber eher ein Luxus als ein Muss. Bei automatischer Lichtsteuerung wissen die Geckos bald, wann der Tag zu Ende geht, und suchen oft schon vor Abschalten der Beleuchtung ihre Ruheplätze auf, ohne durch Dämmerungsphasen darauf „hingewiesen" werden zu müssen.

Nachts sollten alle Heiz-und Beleuchtungselemente ausgeschaltet bleiben. Lediglich in Räumen, in denen die Nachttemperaturen regelmäßig über längere Zeit unter etwa 15 °C fallen, ist eine leichte Nachtheizung nötig und sinnvoll, etwa über in die Strukturrückwand eingebrachte Heizkabel. Für ein normal großes Taggeckoterrarium reicht ein 25-W-Heizkabel für diese Zwecke völlig aus.

Bei unterteilten oder dicht nebeneinander stehenden Becken

Technik

kann man auch eine durchgehende Leuchtstoffröhre für mehrere Abteilungen bzw. Becken verwenden. Ein in vier Abschnitte von je 25 x 40 x 40 cm unterteiltes Aufzuchtbecken von 100 x 40 x 40 cm kann man so z. B. mit 1 x 30-W-Leuchtstoffröhre + je 1 x 10-W-Niedervolt-Halogenstrahler pro Abteil beleuchten.

Bei tagaktiven Echsen, wie es Ihre Phelsumen sind, spielt der **UV-Anteil** der Beleuchtung eine wichtige Rolle.

Um Auswahl und Kombination der Lichtquellen zu erleichtern, seien im Folgenden ein paar Beleuchtungsbeispiele und Alternativen für verschieden große Taggeckoterrarien aufgeführt, wobei den hellen HQI/CDM-Lampen stets der Vorzug zu geben ist:

1) Terrarium für ein Paar erwachsener Großer Madagaskar-Taggeckos:

Größe:	zwischen 60 x 40 x 100 und etwa 80 x 50 x 100 cm (L x B x H)
Beleuchtung/Heizung:	
Alternative 1:	1 x HQI (70 W); 1 x Energiesparlampe (23 W)
Alternative 2:	1 x CDM-R (35 W); 2 x Halogenstrahler (220V, 40 W)
Alternative 3:	2 x Halogenstrahler (220 V, 60 W); 3 x Energiesparlampe (23 W)

2) Großes Terrarium für ein Paar erwachsener Großer Madagaskar-Taggeckos:

Größe:	zwischen 100 x 50 x 100 cm und etwa 100 x 50 x 150 cm (L x B x H)
Beleuchtung/Heizung:	
Alternative 1:	2 x HQI (70 W); 2 x Leuchtstoffröhre (30 W)
Alternative 2:	1 x HQI (150 W); 1 x Leuchtstoffröhre (30 W), 1 x Halogenstrahler (220V, 60 W)

3) Einzelnes Aufzuchtbecken:

Größe:	zwischen 20 x 20 x 30 cm und 20 x 30 x 40 cm (L x B x H)
Beleuchtung/Heizung:	
Alternative 1:	1 x Leuchtstoffröhre (4 W); 1 x Niedervolt-Halogenstrahler (10 W)
Alternative 2:	1 x Energiesparlampe (11–15 W)

Technik

UV-B wird von normalem Glas fast vollständig absorbiert. UV-B-Quelle und Tiere dürfen daher in keinem Fall durch eine Glasscheibe voneinander getrennt werden. Im Handel ist inzwischen eine große Zahl UVB emittierender Leuchtstoffröhren und Energiesparlampen für die Terraristik erhältlich. Man wähle unbedingt die Variante mit dem höchsten UV-B-Anteil! Wegen der absolut gesehen geringen Wattstärke dieser Leuchtmittel und der geringen Lichtdichte ist eine positive Wirkung bei Echsen dennoch wahrscheinlich nur zu erzielen, wenn diese sich längere Zeit in unmittelbarer Nähe der Lichtquelle aufhalten. Bauartbedingt lässt der UV-B-Ausstoß solcher Leuchtmittel außerdem bereits innerhalb weniger Monate so stark nach, dass ein Austausch erforderlich wird. Empfehlenswerter sind daher Strahler mit höherer Wattleistung und bauartbedingt geringerem zeitlichen UV-B-Verlust. Bewährt ist die Ultravitalux von Osram (300 W), die wegen der hohen Wärmeabgabe aber meist nicht als dauer-

> **WUSSTEN SIE SCHON?**
> Während dem noch nahe am sichtbaren Bereich liegenden UV-A vor allem eine Bedeutung bei der Bildung der Hautpigmente zugeschrieben wird, ist das etwas kürzerwellige UV-B für einen wichtigen Schritt bei der Aktivierung von Vitamin D in der Haut von Bedeutung. Zwar kann man dieses für den Knochenaufbau wichtige Vitamin auch vollständig über die Nahrung zur Verfügung stellen, doch hilft eine Bestrahlung mit UV-B-haltigem Licht nicht nur bei der Therapie an Knochenbildungsstörungen erkrankter Tiere, sondern ist auch geeignet, ernährungsbedingten Mangelerscheinungen vorzubeugen.

Hier sieht man das auf dem Terrarium angebrachte Lampengehäuse sowie den Zuleitungsschlauch für die Beregnungsanlage.

Technik

hafte Lichtquelle nutzbar ist. Dreimal 20–40 Minuten Bestrahlung pro Woche, senkrecht von oben aus 60–80 cm Abstand, haben sich bei meinen Tieren bewährt. In jüngerer Zeit sind bauartähnliche Lampen geringerer Wattstärke (100–160 W) erhältlich, die ganztägig einsetzbar sind und wegen ihrer ebenfalls brauchbaren Lichtausbeute in den angeführten Beleuchtungsbeispielen etwa eine HQI-Lampe von 70 W ersetzen können.

Zum **Tränken** der Taggeckos und zum Aufrechterhalten einer naturnahen Luftfeuchtigkeit muss das Terrarium täglich leicht mit Wasser überbraust werden. Arbeitssparend ist dabei eine automatische Beregnung – dass in den letzten Jahren die Preise für Komplettsysteme erheblich gesunken sind, macht eine solche Anschaffung noch erwägenswerter. Beregnungsanlagen pumpen Wasser aus einem Reservoir über Schläuche zu im Terrarium befindlichen Düsen. Der Preis der Anlagen wird vor allem über die mögliche Förderhöhe der Pumpen und die Vernebelungsleistung der Düsen bestimmt. Wir wollen aber ohnehin keinen besonders feinen Nebel erzeugen, sondern es genügt, wenn in größerem Umkreis die Blätter der Terrarienpflanzen nach dem Sprühen mit Tropfen bedeckt sind, die von den Geckos aufgeleckt werden. Es empfiehlt sich, ausschließlich entkalktes Wasser (handelsübliche Entkalker, destilliertes Wasser) zum Sprühen zu verwenden, da ansonsten bald schwer zu entfernende Kalkflecken auf Einrichtung und Scheiben des Terrariums erscheinen.

Eine einmalige Beregnung pro Tag reicht für Ihre Geckos aus. Dauerhaft sehr hohe Luftfeuchtigkeit wird von den Tieren nicht immer gut vertragen. Aus diesem Grund empfiehlt es sich auch nicht, Nebelanlagen zu installieren.

> **DER PRAXISTIPP**
> Ein Problem der meisten Sprühanlagen ist der hohe Minimaldurchsatz pro Sprühaktion. Meist ist die kürzeste vorgegebene Schaltzeit eine Minute, und oft wird in dieser Zeit bereits so viel Wasser versprüht, dass auch größere Taggeckoterrarien rasch versumpfen. Ein Abfluss im Boden ist da auch meist keine wirkliche Abhilfe. Auch ein Abklemmen der Schläuche ist problematisch, da das Wasser dann nur noch tröpfelt, statt versprüht zu werden. Man kann aber mittels nachgeschalteten Zeitrelais mit stufenlos einstellbarer Anlaufverzögerung, Kombination mehrerer Zeitschaltuhren und anderer Maßnahmen Sprühzeiten von erheblich weniger als einer Minute erzielen. Die optimale Sprühmenge/-zeit muss man für jedes Terrarium anfangs durch Ausprobieren ermitteln.

Einrichtung

GROßE Madagaskar-Taggeckos klettern gerne an glatten Untergründen. Daher gehören glatte, entrindete Äste oder auch Bambusrohre, die vorwiegend vertikal im Terrarium angebracht werden, zu den wichtigsten Einrichtungsgegenständen. Der freie Raum im Terrarium darf dabei durchaus von einer Vielzahl senkrechter Kletterstäbe stark eingeschränkt werden. Jeder zusätzliche Ast vergrößert die für die Geckos nutzbare Kletterfläche. Man sollte lediglich darauf achten, dass keine zu großflächigen Abschattungen im Terrarium auftreten. Der Gesamteindruck des Beckens muss hell und keineswegs düster-dämmrig sein. In der Nähe der Strahler sollten auch einige horizontal verlaufende Äste angebracht werden, die die Tiere zum Sonnen nutzen. Generell sollte man Äste von der Körperdicke der Geckos sowie auch

Entrindete Buchenäste sind gerne angenommene Sitzgelegenheiten.

Einrichtung

wesentlich stärkere Äste einbringen. Während sich viele Madagaskar-Taggeckos tagsüber gerne an dicken Ästen oder Bambusrohren aufhalten, bevorzugen sie zum Schlafen meist solche von etwa Körperstärke.

Allseits verglaste Terrarien können den Geckos ein Gefühl mangelnder Deckung vermitteln und sie somit stressen. Es empfiehlt sich daher, Seiten- und Rückwände blickdicht zu verkleiden, wenn das Terrarium nicht ohnehin bereits beispielsweise aus Spanplatten besteht. Im einfachsten Fall beklebt man die Scheiben von außen mit Pappe. Attraktiver sind innen angebrachte Strukturrückwände. Dazu eignen sich Presskorkplatten ebenso wie auf Styroporbasis mo-

> **DER PRAXISTIPP**
>
> Das Untermischen von unter verrottenden Baumstämmen in den obersten Bodenschichten gesammelter Laubwalderde in den Bodengrund kann zur Ausbildung einer reichen Kleinlebewelt im Terrariumboden führen. Diese Organismen beseitigen übersehene Futter- und Kotreste rasch, zuverlässig und hygienisch und verhindern die Vermehrung gefährlicher Mikroorganismen. Das Abdecken des Bodengrundes mit einer Schicht Falllaub schützt diese Lebewesen vor Austrocknung und wirkt im Terrarium meist besonders attraktiv.

Solche sparsam eingerichteten Aufzuchtterrarien eignen sich für die ersten Lebenswochen vieler kletternder Geckoarten.

Einrichtung

Dieses Männchen lebte mehrere Jahre frei im Zimmer, erwies sich aber als nicht besonders standorttreu.

traktive Kunststoffimitate solcher Konstruktionen sind inzwischen auch im Handel erhältlich, wenngleich die Preise leider noch recht hoch liegen.

Der Bodengrund im Taggeckoterrarium spielt für die Tiere lediglich eine untergeordnete Rolle, da die Geckos kaum einmal den Boden aufsuchen. Er bietet daher lediglich Wurzelgrund für die Terrarienpflanzen und hilft, eine gegenüber der Raumluft erhöhte Luftfeuchtigkeit aufrecht zu erhalten. Um direkt eingesetzten Pflanzen ausreichend

dellierte und mit Fliesenkleber, Gips oder Zement überzogene Felsimitate, aber auch Flechtmatten („Strandmatten"). Von den Geckos bevorzugt werden aber auch hier wieder glatte und helle Untergründe. Eine besonders empfehlenswerte Lösung ist daher eine Wand aus halbierten Bambusstäben. At-

Wurzelgrund zu bieten, sollte das Bodensubstrat mindestens 10 cm hoch eingebracht werden. Die unterste Schicht bildet sinnvollerweise eine Drainage aus grobem Kies, evtl. durch Kunststoffgaze gegen die darüber liegende Bodenschicht abgetrennt, um ein Vermischen zu vermeiden. Darüber können ein

Einrichtung

Gemisch aus Blumenerde und Sand bzw. Rindenmulch, aber auch Buchenholzspäne, Blähtonkugeln oder Seramis eingebracht werden.

Zur Bepflanzung des Taggeckoterrariums eignen sich vor allem Pflanzen mit robusten, großen und glatten Blättern, die den Geckos damit weitere Sitz- und Ruheplätze sowie in den Blattachseln Eiablagemöglichkeiten bieten. Die Begrünung mit madagassischen Pflanzen aus dem Biotop der Geckos kann attraktiv sein, ist für das Wohlergehen der Geckos aber ohne Bedeutung. Besonders gut eignen sich verschiedene Bogenhanf-(*Sanseveria*-)Arten, Drachenbäume (vor allem *Dracaena fragrans*), Yuccas und Bromelien wie z. B. *Aechmea, Vriesea, Guzmania* und *Bilbergia*. Rankende Pflanzen wie Efeutute (*Epipremnum aurum*), Kletterphilodendron (*Philodendron scandens*), Kletterfeige (*Ficus pumila*) u. a. können zur Begrünung von Rückwand und Kletterästen eingesetzt werden. Kleinblättrige Pflanzen, wie Birkenfeige (*Ficus benjamini*) oder Zitrusgewächse, schaffen beschattete Ruhezonen. Bei der Bepflanzung bleibt viel Spielraum für eigene Ideen. Lediglich besonders stachelige, giftige oder lichthungrige Pflanzen sollte man meiden. Alle im Handel erworbenen Pflanzen sollten vor ihrer Verwendung mehrfach in mehrtägigem Abstand lauwarm abgeduscht werden, um Pestizidrückstände zu minimieren.

> **FREIE ZIMMERHALTUNG**
> In einem Raum mit mehreren größeren Terrarien, durch Fliegendraht gesicherten Fenstern und stets verschlossenen Türen oder in einem beheizten und bepflanzten Wintergarten ist eine Haltung von Madagaskar-Taggeckos auch im Freilauf möglich. Aufwärmplätze finden die Geckos z. B. außen an den Terrarien in der Nähe der Beleuchtungseinrichtungen. In einem Wintergarten sollte man ihnen zusätzlich einige von Strahlern erwärmte Plätze bieten. Die Bindung an für die Geckos vorgesehene Pflanzenecken, Bananenstauden o. Ä. funktioniert in der Regel leider nicht, sondern die Tiere suchen sich ihre Lieblingsplätze oft an unerwarteter Stelle, die man durch Beobachtung herausfindet. Unbedingt müssen dann in der Nähe eine Wasserschale, eine Schale mit Grit sowie ein Gefäß aufgestellt werden, das gegen das Entkommen der darin angebotenen Futtertiere gesichert ist. Man kann die Geckos auch einzeln per Pinzette füttern und sie zu diesem Zweck sogar auf akustische Futtersignale dressieren. In einem normal großen Raum ist so die Haltung eines Männchens mit 2-3 Weibchen möglich. Die Tiere gedeihen meist sehr gut und sind viel aktiver als im Terrarium. Als problematisch können jedoch die verschmierten Kothäufchen an den Wänden empfunden werden, und die Angewohnheit der Weibchen, zur Eiablage bevorzugt gerade erkaltende elektrische Geräte aufzusuchen, birgt einige Unfallrisiken in sich.

Regelmäßige Pflegearbeiten

EIN lediglich mit Großen Madagaskar-Taggeckos besetztes Terrarium ist sehr pflegeleicht.

Neben dem täglichen Sprühen, das wie oben aufgeführt auch automatisch erledigt werden kann, und der meist 2–3 Mal pro Woche erfolgenden Fütterung, ist die wöchentliche Grobreinigung die pflegeintensivste Maßnahme. Dabei werden Kothäufchen von Einrichtungsgegenständen und Pflanzen entfernt und beschmutzte Untergründe mit warmem Wasser und einem Schwamm saubergewischt.

Wenn nötig, werden die Scheiben des Terrariums mit stark verdünnter Spülmittellösung gereinigt und sofort gut tro-

> **DER PRAXISTIPP**
> Die sich bei Einzelunterbringung aus *Zophobas* entwickelnden Schwarzkäfer werden von Taggeckos nicht gefressen, verzehren aber ihrerseits vor allem an Ästen und Rückwänden haftende Kotreste der Geckos. Die Anwesenheit von 10-30 solcher Käfer in einem Geckoterrarium kann daher die Reinigungsarbeiten signifikant erleichtern.

Die Tiere können recht zahm werden, bleiben aber stets fluchtbereit.

Regelmäßige Pflegearbeiten

ckengeputzt. Kalkränder entfernt man mit Essig oder verdünnter Zitronensäure.

Zusätzlich zum Besprühen ist meist das Gießen der Pflanzen in etwa einwöchigem Zyklus nötig. Abgestorbene oder kümmernde Pflanzen werden bei Bedarf entfernt oder ausgetauscht.

Der Bodengrund wird nur gewechselt, wenn er unangenehm riecht oder stark versumpft ist. Normalerweise reicht aber ein Austauschen der obersten Schichten bzw. der abdeckenden Laubschicht ca. zweimal im Jahr.

> **DER PRAXISTIPP**
> **VERSORGUNG IM URLAUB**
> Ist eine automatische Sprühanlage installiert und wird die Beleuchtung über eine Zeitschaltuhr gesteuert, ist ein bis zu dreiwöchiger Urlaub für Besitzer erwachsener Großer Madagaskar-Taggeckos kein Problem. Man bringt dazu lediglich an vor Sprühwasser geschützter Stelle eine Schale mit einer größeren Menge *Zophobas* an, die mit Kaninchenpellets gemischt werden, damit sie nicht hungern. Eine Box mit Fliegenmaden, die im Deckel ein Loch trägt, um später die fertigen Fliegen zu entlassen, kann die Futterversorgung ergänzen. Eine Reduzierung der Beleuchtung kann ferner eine Schlechtwetterperiode simulieren und damit den Futterbedarf der Tiere mindern. Dann muss nur noch für eine Einstellung der Sprühanlage gesorgt werden, die auch die Wasserversorgung der Terrarienpflanzen sichert. Die Betreuung durch eine Urlaubsvertretung beschränkt sich auf die optische Kontrolle der Tiere und das Auffüllen des Wasserreservoirs der Beregnungsanlage.
> Für Jungtiere sollte allerdings eine Fütterung im Abstand von höchstens 3-4 Tagen garantiert sein.

Wichtig ist es, alternde Leuchtmittel rechtzeitig zu erneuern. Die Lichtausbeute lässt meist vom Pfleger unbemerkt nach einiger Zeit erheblich nach. Wenn der Hersteller nicht andere Angaben macht, sind HQI/CDM-Brenner, Leuchtstoffröhren und Energiesparlampen mindestens jährlich zu wechseln, UV-B-Quellen auf Leuchtstoffröhren-/Energiesparlampenbasis spätestens nach vier Monaten.

Vergesellschaftung

GROßE Madagaskar-Taggeckos sind temperamentvolle, oft geradezu aggressive Echsen. Meist ist keine andere Haltungsform als Paarhaltung oder Einzelhaltung auf Dauer erfolgreich. Aber auch langjährig harmonierende Paare können urplötzlich schwere Auseinandersetzungen austragen. Solchen Problemen vorbeugende Faktoren sind ein möglichst großes, gut strukturiertes Terrarium sowie abwechslungsreiche Ernährung und die Aufzucht der Tiere in Kleingruppen (s. Aufzucht).

Nach meinen Erfahrungen kann aber auch die Anwesenheit artfremder Terrariengenossen das Aggressionspotenzial erheblich reduzieren – vielleicht wegen des Abbaus der Reizarmut, die im gleichförmigen Lebensraum Terrarium stets ein Problem darstellt, das in der freien Natur nicht auftritt und möglicherweise zu Aggressionsstau führen kann.

Terrarienmitbewohner sollten natürlich weder als Beute noch als Bedrohung aufgefasst werden können und eine gründliche Quarantäne hinter sich

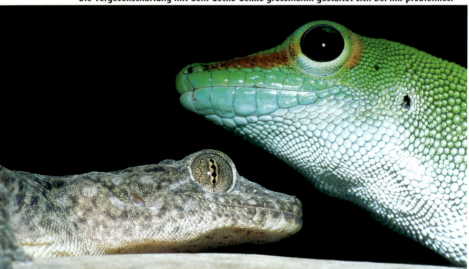

Die Vergesellschaftung mit dem Gecko *Gekko grossmanni* gestaltet sich bei mir problemlos.

Vergesellschaftung

haben, bevor sie in das Taggeckoterrarium einziehen. Auch sollte der Pfleger sich selbstverständlich im Vorfeld ausführlich mit den Ansprüchen dieser Tiere auseinandergesetzt haben und sicher sein, dass sie in dem jeweiligen Terrarium auch erfüllt werden. Nicht zuletzt sollte das Volumen des Terrariums für jeden zusätzlichen Mitbewohner auch um mindestens 15 % erhöht werden – eine Überbesetzung des Beckens muss unbedingt vermieden werden. Aus Sicht der Tiere unwichtig ist dagegen die geographische Herkunft ihrer Terrariengenossen.

Unter Beachtung dieser Gesichtspunkte eignen sich etliche Tierarten zur Vergesellschaftung mit Großen Madagaskar-Taggeckos. Ich selbst habe im Lauf der Jahre positive Erfahrungen mit folgenden Arten gemacht: Blattschwanzgecko *Uroplatus henkeli*; Marmorgecko (*Gekko grossmanni*); Streifengecko (*Gekko vittatus*); Nackenstachler *Acanthosaura capra*; Winkelkopfagame *Gonocephalus chamaeleontinus*; bodenbewohnende Skinke der Gattung *Mabuya*, mittelgroße Kröten der Gattung *Bufo* und Riesentausendfüßler.

Auch die Vergesellschaftung mit dem im gleichen Biotop vorkommenden Blattschwanzgecko *Uroplatus henkeli* ist möglich.

Ernährung

GROßE Madagaskar-Taggeckos ernähren sich im Freiland ebenso wie im Terrarium vor allem von Insekten. In den letzten Jahren hat das Angebot im Handel erhältlicher gezüchteter Futterinsekten erheblich zugenommen, sodass es heute kein Problem mehr bereitet, seinen Pfleglingen eine gesunde, abwechslungsreiche Ernährung zu bieten. Die Geckos sind meist nicht wählerisch: Alle käuflichen Arten von Grillen, Wanderheuschrecken und Schaben eignen sich zur Fütterung ebenso wie Mehlwürmer, die Larven des großen Schwarzkäfers (*Zophobas*), Wachsmaden, Tebo-Raupen und Schmeißfliegen. Für Jungtiere gesellen sich dazu noch *Drosophila*, Stubenfliegen – vor allem die nur begrenzt flugfähigen so genannten Krullfliegen oder Terflys – und Getreideschimmelkäferlarven („Buffalo-Würmer").

All diese Futtertiere erhält man im gut sortierten Zoohandel oder in Anglerläden. Natürlich kann man bei größerem Tierbestand Futtertiere auch selbst züchten – zu diesem Thema gibt es eigene Bücher (z. B. FRIEDRICH & VOLLAND 1998, BRUSE et al. 2003).

In der warmen Jahreszeit kann man zusätzlich selbst gefangene Spinnen, Heuschrecken, unbehaarte Raupen und Wiesen-

„Geckohonig" (S. 44) ist ein stets gerne genommenes, gesundes Zusatzfutter.

Ernährung

plankton anbieten. Dabei sollte es selbstverständlich sein, dass beim Fang von Freilandfutter pestizidbelastete Regionen gemieden und die jeweiligen Natur- und Artenschutzregelungen beachtet werden.

Anzustreben ist vor allem eine möglichst große Abwechslung bei der Fütterung. Drei verschiedene Insektenarten im Wechsel sollten es schon mindestens sein. Schwer verdauliche oder sehr gehaltvolle Futtertiere wie Mehlwürmer und Wachsmaden sollten nur gelegentlich gegeben werden. Der Nahrungsbedarf der Geckos ist nicht groß. 5–10 Futtertiere, die in der Größe etwa der Kopfbreite der Geckos entsprechen, decken bereits den Wochenbedarf. Die Tiere nehmen meist winzige Insekten ebenso gerne auf wie im Verhältnis zur eigenen Größe gigantische Futtertiere. Eine ausgewachsene Wanderheuschrecke stellt für einen adulten Großen Madagaskar-Taggecko kein Problem dar. Jungtiere sollten dennoch im ersten Lebenshalbjahr möglichst keine Futtertiere erhalten, die länger sind als die Kopfbreite der Geckos. Ausgenommen von dieser Faustregel bleibt wurmförmige Beute. Gefüttert werden die erwachsenen Tiere etwa 2–3 Mal pro Woche. Jungtiere erhalten im ersten Dreivierteljahr dagegen täglich 1–3 Futterinsekten entsprechender Größe. Einige Tage Futterpause schaden aber auch ihnen nicht.

Getreideschimmelkäferlarven werden bereits von Schlüpflingen problemlos bewältigt.

Ernährung

Die Futtertiere gibt man vorzugsweise direkt in das Terrarium und ermöglicht so den Geckos ein artgemäßes Aufspüren und Jagen der Beute. Futtertiere, die sich rasch und endgültig im Boden verbergen würden, wie z. B. *Zophobas*, Mehlwürmer, Getreideschimmelkäferlarven und manche Schaben, bietet man entweder einzeln von der Pinzette an oder gibt sie in Schalen, aus denen sie nicht entkommen können, vorzugsweise auf halber Höhe im Terrarium.

Im Freiland deckt der gehaltvolle Darminhalt von Insekten den Bedarf der Geckos an bestimmten Vitaminen und pflanzlichen Inhaltsstoffen. Durch ein mehrtägiges Anfüttern der gekauften Insekten mit gehaltvollen Futtermitteln („gut loading") bzw. durch eine durchgehend hochwertige Ernährung selbst gezüchteter Wirbelloser kann man diese Verhältnisse zumindest ansatzweise imitieren. Grillen, Schaben, Wanderheuschrecken und *Zophobas* erhalten dazu ein Gemisch aus Wiesenkräutern, das mit Kalziumzitrat oder -laktat bestreut wurde. Fliegen werden mit einer Paste aus Milchpulver, Honig, Kalziumzitrat oder -laktat und einem Vitaminpräparat (z. B. Multisanostol) angefüttert.

Nebenbei lecken viele Phelsumen gerne an süßem Brei. Wegen der Gefahr der Verfettung sollten solche Futtermittel aber nicht permanent zur Verfügung stehen, sondern nur 2–3 Mal

> **DER PRAXISTIPP**
> Ausbruchssichere, zweckmäßige Futtergefäße fertigt man einfach und billig an, indem man in den Deckel einer handelsüblichen Grillenbox ein Loch schneidet, das noch etwa 1 cm des Deckelrandes übrig lässt, und diese Box mittels Blumendraht an von oben gut einsehbarer, aber optisch unauffälliger Stelle an einem Ast der Terrariendekoration befestigt.

Ernährung

Manche Exemplare des Großen Madagaskar-Taggeckos bewältigen sogar Mäusebabys beachtlicher Größe.

Zophobas sind ein meist gerne genommenes Futter und viel verträglicher als oft angenommen.

Fütterung

Große Beutetiere wie diese Schabe werden oft vor dem Verzehr durch heftiges Schütteln von störenden Extremitäten und Flügeln befreit.

pro Woche für einige Stunden. Babybrei, Fruchtjoghurt, Honig und Marmelade werden meist gerne geleckt.

In der Natur steht den Tieren eine unermessliche Vielfalt verschiedenster Futtertiere zur Verfügung, die ihrerseits verschiedenste Nahrungsstoffe in ihrem Verdauungssystem beinhalten. Eine solche Reichhaltigkeit kann man im Terrarium auch nicht annähernd bieten, und so wird es notwendig, die gereichte Nahrung durch zusätzliche Mineralstoff- und Vitamingaben aufzuwerten.

Besonders wichtig ist der Anteil von Kalzium und Phosphor in der Nahrung. Das Verhältnis von Kalzium zu Phosphor soll etwa 1,2–2 : 1 betragen. Verschiebt sich dieses Verhältnis zugunsten des Phosphors, drohen schwerwiegende Stoffwechselstörungen, wie z. B.

Fütterung

Knochenerweichungen. Handelsübliche Futterinsekten enthalten leider bis zu neunmal mehr Phosphor als Kalzium. Daher muss man unbedingt zusätzlich Kalzium verabreichen. Dies geschieht über das Bepudern sämtlicher Futtertiere mit einem kalziumhaltigen Produkt oder die Anreicherung des Trinkwassers mit Kalziumlaktat, -zitrat oder auch Frubiase-Kalzium.

Außerdem sollte den Geckos die Möglichkeit gegeben werden, aktiv zusätzliche Kalziumquellen zu nutzen. Daher darf ein Schälchen mit zerbröselter Sepiaschale oder Taubengrit in keinem Terrarium fehlen. Kleine Schneckenhäuser oder lebende Gehäuseschnecken werden von vielen Taggeckos gerne genommen und stellen wahrscheinlich auch in der Natur eine wichtige Kalziumquelle dar.

> **DER PRAXISTIPP**
> Aquarianer können ihren Geckos lebende Turmdeckelschnecken oder Posthornschnecken in einer flachen Schale anbieten und mit diesem Futter ihren Geckos eine besonders natürliche Kalziumversorgung gewährleisten.

Heuschrecken jeder Art sind eine beliebte Beute.

Fütterung

> **DER PRAXISTIPP**
> Das bewährte Rezept des Autors zur dauerhaft ausreichenden Versorgung von Taggeckos mit Mineralien und Vitaminen:
> Praktisch alle Futtertiere werden mit einem Gemisch im Verhältnis von 2-3 : 1 aus Vitakalk oder Korvimin ZVT (vom Tierarzt) mit Kalziumzitrat bestäubt. Dazu überführt man die Tiere in eine Dose mit einer ausreichenden Menge dieses Gemischs (meist etwa 1 Teelöffel) und schüttelt vorsichtig mehrfach kurz um.
> In einem Schälchen steht den Geckos außerdem Taubengrit oder zerbröselter Sepiaschulp ständig zur Verfügung. Zweimal pro Woche erhalten sie für etwa drei Stunden ein Schälchen mit dem „Koberschen Geckohonig": In ein Glas nicht zu festen Honigs werden zwei Esslöffel Kalziumzitrat, zwei Esslöffel „Day Gecko Food" von Zoo Med sowie drei Esslöffel Multisanostol eingerührt. Bei geringem Tierbestand kann man sich natürlich auch entsprechend kleinere Mengen ansetzen.
> Die Mischung wird im Kühlschrank maximal 2-3 Monate gelagert. Portioniert eingefroren kann sie 1-2 Jahre lang verwendet werden, wird dann aber beim Auftauen bisweilen sehr flüssig. Der „Kobersche Geckohonig" wird in kleinen Schälchen angeboten oder in kleinen Portionen auf einen Ast im Terrarium gestrichen.

Eine viel diskutierte Frage ist die der Dosierung von Vitaminen. Während wasserlösliche Vitamine kaum überdosiert werden können, da ein evtl. Überschuss vom Organismus umgehend wieder ausgeschieden wird, werden die fettlöslichen Vitamine (A, D, E und K) bei Überversorgung im Körper gespeichert und können dann z. T. erhebliche gesundheitliche Schäden verursachen. Darum sollten diese Vitamine immer sehr vorsichtig dosiert werden. Umfangreiche Erfahrungen mit Grünen Leguanen lassen z. B. zu dem Schluss kommen, dass eine Gabe von 50–100 I.E. Vitamin D_3 pro Kilogramm Tier und Woche eine ausreichende, aber nicht gefährliche Dosierung darstellt. Für Schildkröten wurden bezüglich Vitamin A ähnliche Optimumwerte ermittelt. Nun sind solche Werte zwar nicht direkt auf Phelsumen übertragbar, bieten aber zumin-

Fütterung

dest eine Groborientierung. Vitamin-D-Mangel führt ebenso wie Kalziummangel oder ein ungünstiges Kalzium-Phosphor-Verhältnis in der Nahrung vor allem zu vielfältigen Knochenbildungsstörungen, die unter dem Oberbegriff Rachitis zusammengefasst werden. Fatalerweise kann eine Überdosierung von Vitamin D_3 neben einer Verkalkung innerer Organe und Gefäße ebenfalls zu rachitisähnlichen Symptomen führen.

Zusätzliche Gaben von Vitamin K und E sind bei normaler Fütterung kaum erforderlich. Schlupfprobleme bei den Nachzuchttieren können allerdings manchmal durch erhöhte Gaben von Vitamin E an das Muttertier gemindert werden. Vitamin-A-Gaben dagegen sind generell empfehlenswert, da Mangelerscheinungen nicht selten auftreten und Futterinsekten nur geringe Mengen dieses wichtigen Vitamins enthalten. Leider ist der Anteil von Vitamin A in handelsüblichen Multivitaminpräparate meist extrem hoch. Dosierungsrichtlinien bei Reptilien sind bisher wenig definiert, es sei aber zur Vorsicht geraten und eine Dosierung ähnlich wie bei Vitamin D_3 empfohlen.

Mit den heute erhältlichen gezüchteten Futterinsekten kann man problemlos ein abwechslungsreiches Geckomenü zusammenstellen.

Feuchtigkeit und Trinkwasser

WIE schon im Kapitel „Technik" angeführt, reicht zum Tränken der Tiere ein tägliches Abbrausen des Terrariums mit einer Blumenspritze oder einer automatischen Beregnungsanlage. Diese Maßnahme sorgt auch bereits für die notwendige Luftfeuchtigkeit. Große Madagaskar-Taggeckos vertragen vorübergehend sehr trockene Luft weitaus besser als dauerhaft extrem hohe Luftfeuchtigkeit. Keinesfalls sollte man bei der Feuchtigkeitsversorgung des Terrariums einen triefenden Regenwald vor Augen haben.

Die relative Luftfeuchte spielt für das Wohlergehen dieser anpassungsfähigen Taggeckos im Terrarium eine eher untergeordnete Rolle. Eine gewisse Variation im Tagesablauf ist jedoch der Gesundheit der Geckos förderlich: Tagsüber sollte die relative Luftfeuchte im Terrarium eher niedrig liegen, wenngleich die tolerierte Bandbreite groß ist. So dürfen die Werte problemlos unter 40 % fallen oder auch über 70 % ansteigen. Tageswerte von 50–60 % haben sich aber besonders bewährt. Tagsüber dauerhaft extrem hohe Luftfeuchtigkeitswerte über 80 % werden über längere Zeit u. U. schlecht vertragen und können Atemwegsinfekte begünstigen. In Anlehnung an die Verhältnisse im natürlichen Lebensraum ist eine Erhöhung der Luftfeuchtigkeit auf mindestens 75 % in den Abend- und Nachtstunden anzustre-

Sprühgeräte

Feuchtigkeit und Trinkwasser

Beregnungsanlage in Aktion Foto: M. Schmidt

ben. Durch abendliches Sprühen und die durch das Ausschalten der Technik automatisch erzielte Absenkung der Nachttemperatur steigt die relative Luftfeuchtigkeit normalerweise problemlos auf diese Werte. Zu trockene Nächte führen zu einem erhöhten Trinkbedürfnis und können auf Dauer Häutungsprobleme und ebenfalls Atemwegsinfekte nach sich ziehen.

Viele Taggeckos lernen es auch, aus einer – täglich frisch befüllten – Schale mit Wasser zu trinken. Natürlicher und wegen der Erhöhung der Luftfeuchtigkeit auch empfehlenswerter ist aber das tägliche Besprühen.

Bis zu einer Wasserhärte von 3–4 °dH (beim Wasserwerk erfragen) kann man dazu meist Leitungswasser verwenden. Viele Sprühanlagen dürfen allerdings nur mit voll entsalztem Wasser betrieben werden (Herstellerangaben beachten). Härteres Wasser dagegen führt rasch zu unschönen Kalkflecken bzw. verstopft die Düsen der Sprühanlage – es sollte daher durch einen Ionenaustauscher (z. B. Britta-Wasserfilter) enthärtet werden. Regenwasser eignet sich ebenso wie destilliertes Wasser, auch wenn immer wieder Gerüchte über dessen Schädlichkeit laut werden.

Gesundheit

GROßE Madagaskar-Taggeckos sind robust und wenig krankheitsanfällig. Bei guter Pflege können sie im Terrarium ein Alter von über 20 Jahren erreichen und sich bis ins hohe Alter hinein fortpflanzen.

Die häufigsten Probleme treten aufgrund von Parasitenbefall bei Wildfängen oder durch Unaufmerksamkeiten bei der Aufzucht der Jungtiere auf. Bei ihnen ist auf eine richtige Ernährung, wie oben beschrieben, besonders zu achten.

Zeigen die Tiere ungewöhnliche Verhaltensweisen oder offensichtliche Symptome von Unpässlichkeit, ist es am sinnvollsten, an erkrankten Tieren nicht eigenmächtig herumzudoktern, sondern bei den ersten ernsteren Anzeichen sofort einen Tierarzt zu konsultieren, der bereits umfangreiche Erfahrungen mit der Behandlung erkrankter Echsen haben sollte. Um angehende Taggeckopfleger nicht in Versuchung zu bringen, erkrankte Tiere auf eigene Faust zu kurieren, sollen hier die häufigsten Probleme nur kurz angesprochen und keinerlei Therapievorschläge für ernste Erkrankungen gemacht werden.

> **DER PRAXISTIPP:**
> Leider ist das Vorstellen einer erkrankten Echse bei einem nicht reptilienerfahrenen Tierarzt wenig sinnvoll, die Spezialisten aber sind dünn gesät. Bei der DGHT (s. Anhang) ist aber z. B. eine Liste von Veterinären mit Kenntnissen in der Behandlung von Reptilien zu erfragen. Am sinnvollsten ist es, sich bereits vor dem Auftreten eines Notfalls die Adressen mehrerer kompetenter Ansprechpartner in der Nähe herauszusuchen.

Schwanzverletzungen können auch zu Gabelbildungen führen.

Gesundheit

Häutungsschwierigkeiten

Probleme bei der Häutung können in der Regel mit ein wenig Hilfe des Halters auch ohne Tierarztbesuch überwunden werden. Immer wieder kommt es vor, dass auch Tage nach dem Beginn der Häutung noch einige Hautfetzen am Tier verbleiben. Diese können u. U. zu Abschnürungen, Verlust der Haftfähigkeit der Zehen oder zu Pilzinfektionen in den darunter liegenden Hautbereichen führen und sollten daher umgehend entfernt werden. Dazu versucht man zunächst, die Hautfetzen einfach vorsichtig mit einer stumpfen Pinzette zu greifen und abzuziehen. Gelingt das nicht, hilft Einweichen der betroffenen Stellen mit einer Fettcreme oder ein halbstündiger Aufenthalt des Tiers in einer flachen Box mit geringem Wasserstand (lauwarm).

Verletzungen und Knickschwänze

In Folge von Auseinandersetzungen oder zu festem Zugriff löst sich die Haut der Geckos leicht großflächig ab. Sofern keine starken Blutungen und tiefer gehenden Wunden vorliegen, heilen solche Verletzungen sehr rasch ohne Zutun des Pflegers ab. Bei Vernarbungen kann es allerdings zu Häutungsproblemen kommen, die man wie oben beschrieben behandelt. Abgeworfene Schwänze wachsen ebenfalls ohne Eingriff des Pflegers innerhalb einiger Wochen nach. Besonders reichhaltige Fütterung unterstützt und beschleunigt den Prozess. Abgequetschte oder unsauber abgerissene Schwänze können sich entzünden. Der Tierarzt muss dann das Endstück amputieren, oder besser einen erneuten Schwanzabwurf oberhalb des betroffenen Abschnittes provozieren.

Bei Unfällen verlorene oder abgebissene Gliedmaßen sowie tiefe Fleischwunden verheilen bei Geckos ebenfalls meist sehr rasch und gut. Trotzdem sollte man solcherart verletzte Tiere

WUSSTEN SIE SCHON?

Oft sind Häutungsprobleme aber nur Symptome tiefer sitzender Schwierigkeiten, und darum sollten die betroffenen Tiere auch nach Entfernung der Hautfetzen eine Zeit lang besonders sorgfältig beobachtet werden. Manchmal stimmen zwar „nur" Temperatur und Luftfeuchtigkeit im Terrarium nicht gut genug mit den Ansprüchen überein, Verbrennungen, Pilz- und Bakterieninfektionen der Haut, aber auch Stress und innere Erkrankungen gehen gleichfalls oft mit Häutungsschwierigkeiten einher. Hat ein Tier regelmäßig Häutungsprobleme, sollte daher auf jeden Fall ein Tierarzt konsultiert werden.

Gesundheit

Junger Großer Madagaskar-Taggecko mit Knickschwanz

Gesundheit

auf jeden Fall unverzüglich einem Veterinär vorstellen, der die frischen Wunden desinfizieren und ggf. vernähen kann. Bei manchen Taggeckos knickt beim senkrechten Kopfübersitzen der Schwanz über den Rücken nach vorne ab. Zwar schadet das den Geckos nicht, doch ist es ein Hinweis auf einen durch Überfütterung zu massig gewordenen Schwanz oder eine Muskel- bzw. Knochenschwä-

> **WEITERE KRANKHEITSANZEICHEN**
> Viele Krankheiten, die einen Tierarztbesuch unerlässlich machen, äußern sich in einer eher unspezifischen Symptomatik. Allgemeine Alarmsignale sind z. B.:
> - Hautbereiche, die permanent hell oder dunkel gefärbt sind und sich deutlich von der umgebenden Körperfarbe abheben
> - deutlich hervortretende Beckenknochen und Längsrillen am Schwanz
> - knotig aufgetriebene Gelenke und Verdickungen beidseitig der Wirbelsäule
> - Koordinationsprobleme beim Beutefang
> - eingefallene Augen
> - bogig verformte Gliedmaßen
> - zeitweilig länger andauerndes Zittern, begleitet von unkoordinierten Bewegungen
> - länger andauernde Futterverweigerung
> - pfeifendes Atmen mit geöffnetem Maul auch in kühleren Terrarienbereichen
> - übermäßige Schleimabsonderung aus dem Maul; käsige Beläge entlang den Zahnleisten; geschwollene Lippen
> - permanentes Auf-dem-Boden-Sitzen in dunkler Färbung
> - schleimiger, stark riechender Kot
>
> Beim Auftreten eines oder mehrerer der genannten Symptome sollte sich der Geckopfleger umgehend an einen kompetenten Tierarzt wenden. Gleiches gilt bei allen anderen unerklärlichen deutlichen Verhaltens- oder Farbänderungen. Wird eine Störung rechtzeitig erkannt und korrekt diagnostiziert, sind die Heilungschancen ungleich größer, als wenn die Behandlung auch nur wenige Tage verzögert einsetzt.

Beginnendes Wachstum eines zweiten Schwanzes nach einer Verletzung

che durch suboptimale Aufzucht. Das Auftreten von Knickschwänzen sollte daher immer als Anlass zum Überprüfen der Haltungsbedingungen genommen werden.

Nachzucht

WICHTIGSTE Voraussetzung zur Zucht ist der Besitz eines geschlechtsreifen Paares. Wie im Kapitel „Beschreibung" geschildert, ist die Unterscheidung der Geschlechter bei adulten Tieren unproblematisch. Erste Zuchterfolge der Geckos kann man ab einem Alter von 12–18 Monaten erwarten. Einige Tiere sind noch frü-

Paarung von *Phelsuma madagascariensis grandis*

Nachzucht

Die frische Bissnarbe im Halsbereich zeigt deutlich, dass sich dieses Weibchen kurz zuvor gepaart hat.

her fortpflanzungsfähig, mit 18 Monaten ist ein Tier aber sicher geschlechtsreif. Manche Große Madagaskar-Taggeckos pflanzen sich im Terrarium das ganze Jahr über fort. Meist reicht aber bereits die Aufstellung des Terrariums in einem Zimmer, das Tageslicht erhält, um die Tiere in ihrer Fortpflanzung an den hiesigen Jahreszeitenrhythmus anzupassen. Eine Reduzierung der Beleuchtungsdauer um 1–2 Stunden im

Nachzucht

Bei der Eiablage kleben die Weibchen die Eier zusammen und halten sie bis zum Aushärten mit den Füßen fest.

Winterhalbjahr kann diesen Prozess unterstützen und sollte bei „Dauerlegern" auf jeden Fall zur Anwendung kommen, um den Weibchen eine Ruhepause von der sehr kräftezehrenden Eiproduktion zu ermöglichen. Die meisten Großen Madagaskar-Taggeckos pflanzen sich im Terrarium in den Monaten April bis September oder Oktober fort.

• **Balz und Eiablage**

Bei der Balz nähert sich das Männchen dem Weibchen mit abgehackt wirkenden Körperbewegungen. Vor allem der Kopf wird ruckartig hin und her bewegt. Ein paarungsbereites Weibchen bleibt dann still sitzen, den Kopf oft hoch erhoben. Das Männchen beleckt das Weibchen und nimmt so mit der

Nachzucht

Zunge Duftstoffe auf. Beide Geschlechter können dabei leise gackernde Töne von sich geben. Mit weiteren ruckartigen Bewegungen klettert das Männchen nun meist mehrfach über den Rücken des Weibchens hin und her, bis es sich schließlich an einer Nackenseite verbeißt und das Weibchen den Schwanz leicht anhebt. Nun führt das Männchen einen seiner beiden Hemipenes (paariges Begattungsorgan aller Echsen) in die Kloake des Weibchens ein und vollzieht die einige Minuten dauernde Paarung. Innerhalb der Fortpflanzungszeit kann man die meisten Paarungen am ersten Tag nach einer Eiablage beobachten. Ob eine Paarung erfolgte, erkennt man oft an den frischen Bisswunden im Nacken der Weibchen. Es gibt bei den Männchen große individuelle Unterschiede bezüglich der Heftigkeit des Paarungsbisses. Entsprechend können manche Weibchen nach einigen Jahren umfangreiche Vernarbungen im Nackenbereich zeigen. Es erscheint daher sinnvoll, vor allem besonders sanfte Männchen zur Zucht zu verwenden. Eine vorübergehende Trennung der Tiere, um dem Weibchen eine Erholungspause zu gönnen, ist dagegen ebenso wenig sinnvoll wie die Vergesellschaftung eines Männchens mit mehreren Weibchen. Nach einer Trennung belästigen die meisten Männchen ihre Weibchen nämlich besonders intensiv, bis hin zur „Vergewaltigung". Manche Exemplare behandeln die Weibchen dann sogar wie Revierkonkurrenten und verletzen sie u. U. schwer. Bei Vergesellschaftung mehrerer Weibchen unterdrückt das dominante Tier meist die anderen erheblich, oft bis zu deren Stresstod. Nur bei besonders friedlichen Exemplaren funktioniert eine Gruppenhaltung auch über längere Zeit hinweg.

In den der Paarung folgenden Wochen ist besonders sorgfältig auf die Kalziumversorgung des trächtigen Weibchens zu achten. Etwa vier Wochen nach der erfolgreichen Paarung legt das Weibchen zwei zunächst weichschalige Eier, die es bis zum Aushärten der Schale mit den Hinterfüßen aneinanderpresst. Das Resultat ist ein hartschaliges Doppelei, das nicht am Substrat klebt, sondern an versteckter Stelle lose im Terrarium deponiert wird. Selten wird

Nachzucht

Beim Schlupf steckt der kleine Gecko zunächst den Kopf aus dem Ei und verharrt dann meist einige Zeit in dieser Stellung, während er zum ersten Mal Luft atmet.

Es erscheint kaum zu glauben, dass der Schlüpfling bisher in dem kleinen Ei Platz gefunden hat.

Nachzucht

das Gelege flach im Boden vergraben. Gelegentlich kommt es auch zur Ablage eines Einzeleis. Die Eier haben einen Durchmesser von je etwa 13–15 mm. Unbefruchtete Eier werden meist unmittelbar nach der Ablage vom Weibchen wieder verzehrt oder an die Terrarieneinrichtung geklebt. Junge geschlechtsreife Weibchen produzieren oft zunächst einige unbefruchtete Gelege, bevor sie sich erfolgreich fortpflanzen. In einer Fortpflanzungsperiode erfolgt meist alle 28–35 Tage eine Eiablage, sodass ein Weibchen 12–14 Nachkommen pro Jahr haben kann, Dauerleger bis über 20 (was die Weibchen aber über Gebühr strapazieren kann).

• Inkubation der Eier und Schlupf der Jungtiere

Normalerweise kommen im Terrarium belassene oder übersehene Eier problemlos zum Schlupf. Da die Elterntiere aber meist ihren Jungen nachstellen, ist eine Entnahme der Eier sinnvoll. Wie bei allen Reptilieneiern kann nach der Ablage ein Verdrehen um die Längsachse zum Absterben des Embryos führen. Die Eier von Madagaskar-Taggeckos sind diesbezüglich aber erheblich weniger empfindlich als andere Echseneier. An den in der Natur vorkommenden Massenablageplätzen verdrehen schlüpfende Jungtiere benachbarte Eier sicher ebenso regelmäßig und heftig, wie sie das in einem Inkubator tun. Am ersten Tag nach der Ablage und im letzten Inkubationsdrittel schadet ein Verdrehen der Eier den Embryonen nur in seltensten Fällen. Um sicher zu gehen, markiert man die Oberseite der Eier mit einem weichen Bleistift und kann so verdrehte Eier immer wieder in die Originalposition bringen. Zur Inkubation überführt man die Eier am einfachsten in eine halb mit grobem Kies gefüllte Dose, etwa eine Grillenbox. Auf den Boden gibt man in einer etwa 10 x 10 x 5 cm messenden Box etwa einen Esslöffel voll Wasser. Die Box wird dann bei der gewünschten Temperatur aufbewahrt.

> **WICHTIG!**
> Der sonst in der Terraristik als Inkubationssubstrat mit Recht hoch geschätzte Dämmstoff Vermiculit eignet sich für Madagaskar-Taggeckos weniger. Schlüpfende Taggeckobabys häuten sich unmittelbar nach dem Schlupf und fressen die alte Haut. Vermiculitkörnchen haften sehr leicht an den feuchten Hautresten und führen bei Mitverschlucken meist zu Darmverschluss mit Todesfolge.

Nachzucht

Sinnvolle Inkubationstemperaturen liegen zwischen 24 und 31 °C, wobei kurzfristig (nachts) auch Werte bis etwa 15 °C problemlos vertragen werden. Die kräftigsten Schlüpflinge erzielt man bei Tagestemperaturen von 25–29 °C und einer Nachtabsenkung auf 18–22 °C. Bei konstant 28–29 °C schlüpfen die Babys nach ca. 52–58 Tagen. Bei kühleren Temperaturen und Nachtabsenkung kann sich die Inkubationszeit bis auf deutlich über 70 Tage verlängern. Wie bei vielen Reptilien wird das Geschlecht der Schlüpflinge durch die Inkubationstemperatur beeinflusst (TAGA = Temperaturabhängige Geschlechtsausprägung). Die sensible Phase liegt dabei irgendwo in den ersten vier Inkubationswochen. Bei Temperaturen unter 25 °C schlüpfen vorwiegend Weibchen, darüber erhöht sich der Männchenanteil deutlich. Bei Temperaturen knapp über 31 °C schlüpfen vorwiegend Männchen, aber Vitalität der Babys und Schlupfrate sinken bei so hohen Temperaturen deutlich. Eier des Großen Madagaskar-Taggeckos sind sehr unempfindlich. Heftiges Schütteln, dauerhaft sehr hohe Luftfeuchtigkeit und dauerhaft sehr hohe oder niedrige Temperaturen (über 32 oder unter 15 °C) zählen zu den wenigen Parametern, die den Schlupferfolg gefährden. Vor allem sollte man auf mäßige Luftfeuchtigkeit achten. Wenn die Innenseite des Inkubationsgefäßes leicht beschlägt bzw. am Boden der Dose in der Kiesschicht ein wenig Wasser sichtbar ist, reicht die Feuchtigkeit bereits völlig aus.

Die Jungtiere sind beim Schlupf je nach den Elterntieren und Inkubationsbedingungen 50–65 mm lang und tragen eine auffallende, von den Eltern abweichende Jugendfärbung. Die Oberseite ist hellgrün und bereits mit den bei den Jungtieren noch relativ größeren roten Flecken versehen. Flanken und Gliedmaßen sind kontrastreich braun und hellgrün bzw. weiß gesprenkelt. Intensität und Kontrast dieser Zeichnungselemente können zwischen verschiedenen Zuchtstämmen stark variieren. Der Bauch ist weiß, die Schwanzunterseite hellorange bis gelb. Der Schwanz ist oberseits dunkel quer gebändert. Im Rahmen dieser Grundfärbung gibt es vielfältige individuelle Variationen.

Nachzucht

Direkt nach dem Schlupf sind die Kleinen noch matt gefärbt, da die Ersthäutung unmittelbar bevorsteht.

Aufzucht der Jungtiere

DIE Jungtiere kann man entweder einzeln oder in kleinen Gruppen bis zu etwa sechs Tieren aufziehen.

Sinnvolle Terrariengrößen und die dazugehörige Technik für die Jungtieraufzucht wurden bereits in den Abschnitten „Terrarium" und „Technik" vorgestellt.

> **WICHTIG!**
> Die Jungtiere einer Gruppe sollten im Alter maximal 4-6 Wochen auseinander liegen. Besonders aggressiv oder dominant erscheinende Geckos muss man separieren und einzeln aufziehen.

Die Einrichtung der Aufzuchtbecken sollte anfangs möglichst sparsam sein.

Vor allem empfiehlt es sich, auf einen Bodengrund zu verzichten, damit sich die Futtertiere nicht dort längere Zeit verkriechen und dabei die aufgestäubten Zusatzfuttermittel abputzen können.

Am sinnvollsten ist es, die Einrichtung auf mehrere glatte Äste oder Bambusstäbe sowie eine kleine Grünpflanze – lebend oder künstlich – zu beschränken. In Gruppen aufwachsende Taggeckos sind besonders sorgsam zu beobachten, um die Unterdrückung einzelner Exemplare rechtzeitig feststellen und evtl. dagegen einschreiten zu können. Da in Gruppen aufgewachsene Jungtiere jedoch als Erwachsene meist deutlich weniger agressiv gegenüber Artgenossen sind als isoliert aufgezogene, empfehle ich dennoch die Gruppenaufzucht. Im Alter von 6–9 Monaten – oft später, selten früher – beginnen die Männchen, aggressiv aufeinander zu reagieren. Spätestens in diesem Alter sollten die Tiere in Zweiergruppen von einem Männchen und einem Weibchen oder je zwei

Die Schwanzunterseite der Jungtiere ist anfangs gelborange gefärbt.

Aufzucht der Jungtiere

Porträt eines wenige Stunden alten Großen Madagaskar-Taggeckos

Weibchen aufgeteilt weiter aufgezogen werden.
Die Geschlechtsbestimmung noch nicht geschlechtsreifer Exemplare anhand der Präanofemoralporen kann sehr leicht irreführend sein, da manche Männchen ausgesprochene Spätentwickler sind. Sicherstes Merkmal ist die Ausbildung der Kalkspeichersäckchen, die bei manchen Weibchen bereits im Alter von sechs Monaten beginnt. Mit Erfahrung kann man noch früher das Geschlecht relativ sicher anhand der Kopfform bestimmen. Bei jungen Männchen ist der Kopf deutlicher vom Hals abgesetzt und etwas breiter als bei gleich großen Weibchen. Auch stehen die Augen bei den Männchen von oben gesehen eher etwas hervor, während sie beim Weibchen in einer Linie mit den Kopfseiten liegen.

Im Alter von sechs Monaten kann bereits eine Gesamtlänge von 20 cm erreicht werden, und mit spätestens 1,5 Jahren sind die Tiere geschlechtsreif und haben die Erwachsenengröße erreicht. In den folgenden Lebensjahren legen aber vor allem die Männchen noch signifikant an Körpermasse zu. Die Umfärbung in das Farbkleid der Erwachsenen ist in der Regel spätestens im zehnten Lebensmonat abgeschlossen.

Weitere Informationen

ZUR Vertiefung der in diesem Buch gegebenen Informationen und zum tieferen Einblick in terraristische und herpetologische Themenbereiche empfehlen sich die Mitgliedschaft in einem Verein gleichgesinnter Terrarianer sowie ein intensives Literaturstudium. Die folgenden Auflistungen sollen dabei behilflich sein, einen Einstieg in die Thematik zu finden, können aber natürlich nur einen kleinen Ausschnitt aufzeigen

Vereine und Interessengruppen

Die IG Phelsuma (www.ig-phelsuma.de) ist eine Gruppe engagierter Taggeckopfleger, die sich schwerpunktmäßig mit der Gattung *Phelsuma* beschäftigen und auch Kontakte zu Züchtern vermitteln. Informationen erteilen: Gerhard Hallmann, Im Schlingen 5, 44359 Dortmund, gerhard-hallmann@t-online.de; Hans-Peter Berghof, Elisenstr. 5, 08393 Meerane, phelsuma@online.de

Die Deutsche Gesellschaft für Herpetologie und Terrarienkunde (DGHT; www.dght.de; DGHT e.V., Postfach 1421, 53351 Rheinbach, Tel: 02225-703333; E-Mail: gs@dght.de) ist mit über 8000 Mitgliedern die weltweit größte Gesellschaft ihrer Art und bringt Wissenschaftler und Hobbyherpetologen zusammen. Mitglieder erhalten vierteljährlich mindestens drei verschiedene herpetologisch/terraristische Zeitschriften.

Zeitschriften

- REPTILIA Terraristik-Fachmagazin, erscheint sechsmal jährlich (Natur und Tier - Verlag GmbH, An der Kleinmannbrücke 39/41, 48157 Münster, Tel.: 0251-133390, E-Mail: verlag@ms-verlag.de, www.ms-verlag.de)
- DRACO - Terraristik-Themenheft, erscheint viermal jährlich (Natur und Tier - Verlag GmbH, s. o.)
- Sauria - Terraristik und Herpetologie, erscheint viermal jährlich (Terrariengemeinschaft Berlin e. V., Barbara Buhle, Planetenstr. 45, 12057 Berlin, Tel.: 030-6847140; www.sauria.de; E-mail: abo@sauria.de)
- herpetofauna, Zeitschrift für Amphibien- und Reptilienkunde, erscheint sechsmal jährlich (herpetofauna Verlags-GmbH; Hans-Peter Fuchs, Römerstrasse 21, 71384 Weinstadt; Tel. 07151-600677; www.herpetofauna.de; E-Mail: info@herpetofauna.de)
- DATZ – Die Aquarien- und Terrarien-Zeitschrift, erscheint monatlich (Verlag Eugen Ulmer, Wollgrasweg 41, 70599 Stuttgart, Fax: 0711-4507120, www.datz.de)

Weiterführende und verwendete Literatur

Bücher

AKERET, B. (in Vorb.): Terrarienbepflanzung. – Natur und Tier - Verlag, Münster

BRUSE, F., M. MEYER & W. SCHMIDT (2003): Praxisratgeber Futterzucht. – Edition Chimaira, Frankfurt/M.

DREWES, O. (2002): Faszination Terraristik. – Wachtberg

FRIEDERICH, U. & W. VOLLAND (1998): Futtertierzucht. – Eugen Ulmer, Stuttgart

BUNDESAMT FÜR ERNÄHRUNG, LANDWIRTSCHAFT UND FORSTEN (1997): Gutachten über die Mindestanforderungen an die Haltung von Reptilien. – Inhaltlich unveränderte Sonderausgabe bei der Deutschen Gesellschaft für Herpetologie und Terrarienkunde (DGHT) e.V.

HALLMANN,G., J. KRÜGER & G. TRAUTMANN (1997): Faszinierende Taggeckos – die Gattung Phelsuma. – Natur und Tier - Verlag, Münster.

HENKEL, F.W. & W. SCHMIDT (Hrsg.) (1995): Die Amphibien und Reptilien Madagaskars, der Maskarenen, Seychellen. – Eugen Ulmer, Stuttgart

- (1997): Terrarien – Bau und Einrichtung. – Eugen Ulmer, Stuttgart

- (2003): Geckos. 2. überarb. Aufl. – Eugen Ulmer, Stuttgart

KÖHLER, G.(1996): Krankheiten der Amphibien und Reptilien. – Eugen Ulmer, Stuttgart

- (1997): Inkubation von Reptilieneiern. – Herpeton Verlag, Offenbach

RÖSLER, H. (1995): Geckos der Welt; Alle Gattungen. – Urania, Jena, Leipzig

SEUFER, H. (1995): Geckos. – Landbuch, Hannover

Verschiedene Autoren (2002): DRACO – Terraristik-Themenheft; Taggeckos; Nr 11 Jahrgang 3; Natur und Tier - Verlag

WILMS, T. (2004): Terrarieneinrichtung. – Natur und Tier - Verlag, Münster

Artikel

BUDZINSKI, R.-M.(1999): Induktion des männlichen Geschlechts bei Geckos der Gattung Phelsuma durch tägliche kurzzeitige Inkubation bei hoher Temperatur. – Sauria 21(3): 43–46.

DENZER, W. (1981): Phelsumen – Haltung und Nachzucht im Terrarium. – Sauria 3(1): 23–26.

DIRK, F. (1992): Erfahrungen mit Taggeckos. – DATZ 45(4): 239–241.

GERHARDT, R. (2002): Gezielte Farbzuchten bei Phelsuma madagascariensis grandis. – DRACO 11: 58–60.

HALLMANN, G. (1995): Erkenntnisse über die Lebenszeit und Reproduktionsfähigkeit bei Taggeckos der Gattung Phelsuma in menschlicher Obhut. – elaphe N. F. 4: 24.

- (2002): Über die Ernährung der Taggeckos der Gattung Phelsuma. – DRACO Nr. 11: 27–29.

HENKIES, H. (1972): Madagassische Taggeckos. – DATZ 25(11): 38–40.

KOBER, I. (1990): Der Große Madagassische Taggecko im Terrarium. – Aquarien Terrarien 37(10): 353–357.

- (1990): Der Große Madagassische Taggecko im Terrarium. – DATZ 43(10): 605–608.

KÖRBER, U. (1985): Phelsumen: Pflege frei im Wohnraum. – DATZ 38(3): 139–141.

KRÜGER, J. (1996): Angaben zur Intergradationszone von Phelsuma m. madagascariensis und P. mad. grandis im Nord-Osten Madagaskars. – Salamandra 32(3): 217–222.

- (2002): Taggeckos der Gattung Phelsuma. – DRACO Nr. 11: 4–19.

LIPP, H. (2002): Ein Terrarium für Phelsumen. – DRACO Nr. 11: 20–26.

- (2002): Gruppenhaltung und Vergesellschaftung von Phelsumen. – DRACO Nr. 11: 30–37.

MEIER, H. & W. BÖHME (1991): Zur Arealkunde von Phelsuma madagascariensis (GRAY, 1831) anhand der Museumssammlungen A. Koenig und Senckenberg, mit Bemerkungen zur Variabilität von P. m. kochi MERTENS, 1954. – Salamandra 27(3): 143–151.

SCHMIDT, T. (1998): Der Madagassische Taggecko Phelsuma madagascariensis grandis im Terrarium. – elaphe N. F. 6(3): 18–21.

SCHRÖER, T. (1998): Der Große Madagaskar-Taggecko. – DATZ 51(7): 448–450.

NTV

Faszinierende Taggeckos
Die Gattung *Phelsuma*

G. Hallmann, J. Krüger, G. Trautmann

232 Seiten, 144 Abbildungen
Format: 17,5 x 23,2 cm,
Hardcover
ISBN 3-931587-10-X

44,80 €

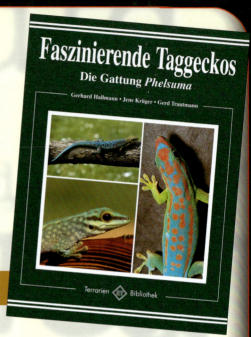

DRACO Terraristik-Themenheft

DRACO behandelt in jeder Ausgabe ein Thema aus der Terraristik. Viele Artikel beleuchten das Thema von allen Seiten und erlauben eine vertiefte Darstellung. Dabei werden die unterschiedlichsten Aspekte behandelt: Terrarienpraxis, Haltung und Vermehrung einzelner Arten, biologische Hintergrundberichte, kulturgeschichtliche Aspekte, Artenschutz, Reiseberichte, Reportagen, Interviews, Vorstellung des Buchmarktes, Neuigkeiten aus der Wissenschaft – und alles zu einem Thema! Alle Ausgaben sind großzügig mit brillanten Fotos versehen und exklusiv gestaltet und ausgestattet.

DRACO erlaubt Ihnen zu jedem Thema einen umfassenden, tiefen und fundierten Einstieg und ist dennoch leicht verständlich, allgemein interessierend und unterhaltsam.

Ausgabe Nr. 11: Taggeckos

Einzelheft Draco Nr. 11: 8,60 €

Fordern Sie unseren kostenfreien Gesamtprospekt an!

Natur und Tier - Verlag GmbH
An der Kleimannbrücke 39/41
48157 Münster
Telefon: 0251-13339-0 · Fax: 13339-33
E-mail: verlag@ms-verlag.de · Home: www.ms-verlag.de